in
*Klostergarten
voller
Kräuter*

Jan Thorbecke Verlag

nhalt

Von Klostergärten und Heilkräutern 4
Melisse 8
Fenchel 9
Rosmarin 11
Huflattich 12
Andorn 13
Ringelblume 14
Kümmel 16
Petersilie 17
Thymian 18
Bockshornklee 20
Mutterkraut 21
Lavendel 22

Dill 24
Basilikum 25
Liebstöckel 27
Brennnessel 28
Ysop 29
Seifenkraut 30
Minze 31
Salbei 32
Giersch 34
Myrte 35
Oregano 36
Katzenminze 37
Majoran 39

on Klostergärten und Heilkräutern

Zwischen festgefügten Mauern bergen hohe Wände
Einen lieblichen Garten, angemessen einem Herrn.
Hier wachsen lebenskräftige Blätter aus verschiedenen Samen,
In denen Gesundheit liegt, verliehen von einem wohlwollenden Geiste.
(LUXORIUS, DICHTER AUS DEM 6. JH.)

Schon seit Jahrtausenden macht sich der Mensch die heilende Kraft der Natur zunutze, und an keinem Ort zeigt sich dies so deutlich wie in einem farbenfroh blühenden Kräutergarten. Vor allem die klösterlichen Gärten der mittelalterlichen Mönche und Nonnen waren ein Hort der Naturmedizin, in dem Dutzende verschiedener Kräuter aus allen Teilen der damals bekannten Welt kultiviert wurden – jedes davon mit seiner ganz eigenen Heilwirkung. Mithilfe eines solchen Kräutergartens und dem Wissen ihrer Vorgänger aus der Antike waren die Mönche und Nonnen in der Lage, viele menschliche Gebrechen zu behandeln und

teilweise sogar zu heilen, und so wurden die Klostergärten zu mittelalterlichen Zentren der Medizin und der Naturheilkunde. Viele der heute bei uns heimischen Kräuter, die nicht mehr aus Garten und Küche wegzudenken sind, wurden damals von den Mönchen erst in unsere Gefilde gebracht, um sie hier in den Klostergärten anzubauen.

Inzwischen sind die heilenden Kräfte der Natur durch die Fortschritte in der modernen Medizin teilweise schon fast in Vergessenheit geraten, und viele der damals geschätzten Kräuter werden heute nur noch als Unkraut oder im besten Fall als Gewürzmittel betrachtet. Doch gerade in letzter Zeit wenden sich immer mehr Menschen wieder der Naturmedizin zu und ziehen hierfür ihre Inspiration auch aus den mittelalterlichen Klostergärten und den Beschreibungen der Mönche und Nonnen, die uns über die Heilwirkungen der Pflanzen aufklären. Denn schon damals wusste man, dass nichts über frische Kräuter direkt aus dem heimischen Garten geht, und ein eigener kleiner Kräutergarten ist eine Bereicherung nicht nur für die Küche, in der sich viele der Pflanzen als Gewürz verwenden lassen, sondern auch für die Hausapotheke – denn pflegt man seinen Kräutergarten umsichtig, so ist dort bald schon sprichwörtlich gegen fast jedes Übel ein Kraut gewachsen!

 elisse | *melissa officinalis*

Die Melisse ist ein vielseitig verwendbares Küchenkraut, das nicht nur beim Menschen beliebt ist, sondern auch bei den Bienen, die sie mit Vorliebe anfliegen. Ihnen verdankt die Pflanze auch ihren Namen, war sie bei den alten Griechen doch schon als *Melissophylon* bekannt, was so viel wie „Bienenblatt" bedeutet. Die aufgrund ihres zitronig-frischen Duftes häufig auch Zitronenmelisse genannte Pflanze ist heute ein bekanntes Küchenkraut, das ursprünglich aus dem östlichen Mittelmeerraum stammt und erst durch die Benediktinermönche bei uns heimisch wurde, die es für ihre Klostergärten kultivierten.

Schon die Mönche und Nonnen schätzten die Heilkräfte der Melisse und bereiteten aus ihren frischen Blättern Tee zu, der gegen Schlaflosigkeit helfen sollte und als verdauungsfördernd und entspannend galt. In der Küche findet die Melisse dank ihrer intensiven Würzkraft häufige Anwendung bei der Zubereitung von Fleisch- und Fischgerichten, aber auch als wohlschmeckende Verzierung für Salate und Kaltgetränke.

 enchel | *foeniculum vulgare*

Der Fenchel galt schon in Antike und Mittelalter als ein wahres Wunderheilmittel, das für alle Arten von Krankheiten Abhilfe schaffen konnte. Nicht nur können seine Früchte zu einem wohlschmeckenden Tee verarbeitet werden, der gegen Blähungen und Husten hilft, weshalb Fencheltee auch heute noch zu den beliebtesten Teesorten zählt, sondern er diente darüber hinaus auch lange Zeit zur Linderung von Augenbeschwerden und Sehstörungen. So ist es kein Wunder, dass der Fenchel ein gern gesehener Gast in den Gärten der Klöster war und immer noch ist, und nicht nur Hildegard von Bingen lobte seine heilenden Kräfte in besonderem Maße.
Doch auch bei der Zubereitung von Speisen, insbesondere Fisch, ist der Fenchel nach wie vor eine beliebte Zutat, und sein süßwürziges Aroma verfeinert viele Arten von Soßen und Suppen.

 Für eine Tasse Fencheltee einen Esslöffel zerstoßene Fenchelsamen mit einer Tasse kochenden Wassers übergießen und etwa 10 Minuten abgedeckt ziehen lassen, danach abseihen und wahlweise z.B. mit Honig verfeinern.

Rosmarin | *rosmarinus officinalis*

Der Rosmarin ist aus der italienischen und französischen Küche nicht wegzudenken, was auch gut zu seinem Namen passt, denn *ros marinus* bedeutet so viel wie „Meerestau" und weist auf den Ursprungsort der Pflanze hin: die Küsten des Mittelmeergebiets. Doch auch bei uns fühlt sich der Rosmarin inzwischen heimisch, wenn auch bei winterlicher Kälte lieber im Haus als im Garten. Behutsam dosiert verleiht er vor allem Fleisch und Gemüse eine ganz besondere südländische Note, und zu Recht gilt der Rosmarin als klassisches Grillgewürz – ein Zweig im Grillfeuer schenkt dem Grillgut eine schön würzige Note. Im mittelalterlichen Klostergarten stand hingegen zunächst die Heilwirkung der intensiv duftenden Pflanze im Mittelpunkt, denn Tee aus ihren Blättern galt als Mittel gegen hohen Blutdruck oder zu geringe Gallen- und Magensaftproduktion. Noch heute schätzt man die Wirkung des Krauts als Badezusatz zur Anregung des Kreislaufs oder als wohltuendes Massageöl, das wärmend und durchblutungsfördernd wirkt.

 uflattich | *tussilago farfara*

Schon der lateinische Name des Huflattichs weist auf die heilsame Wirkung der Pflanze hin, denn sie wird schon seit langer Zeit als Mittel gegen Husten (lat. *tussis*) und zur Schleimlösung verwendet. In der Tat gehört der Huflattich zu den ältesten Mitteln gegen Husten, und schon Hippokrates und Plinius wiesen in der Antike auf seine Nützlichkeit hin. Das rasch wachsende Kraut mit den schön anzuschauenden, leuchtend gelben Blüten beginnt bereits früh im Jahr zu blühen und findet sich dank seiner großen Anspruchslosigkeit vielerorts am Wegesrand und auf Böschungen. Die an ein Hufeisen erinnernden Blätter (daher auch der deutsche Name) werden bis zu 20 Zentimeter groß und sind an ihrer Unterseite besonders weich. Neben ihrer Heilwirkung gegen Husten eignen sich die Blätter aber auch in der Küche als Gemüsegrundlage oder Alternative zum Spinat.

 ndorn | *marrubium vulgare*

Der Gewöhnliche (oder Weiße) Andorn trägt seinen Namen aufgrund der dornartigen Kelchblätter, an denen er leicht zu erkennen ist. Im mittelalterlichen Klostergarten hatte das Kraut einen festen Platz, lobte man doch seine Eigenschaften als Gegengift – sogar gegen das Gift des Eisenhuts, der stärksten damals bekannten Giftpflanze, sei der Andorn ein Heilmittel gewesen. So schätzte der Benediktinermönch Walahfried Strabo den Andorn als Versicherung gegen „feindselige Stiefmütter", vor deren Vergiftungsversuchen man sich zu hüten habe. Heute wird das aufgrund von fortschreitender Bodenversiegelung eher selten gewordene Kraut für gewöhnlich nur noch wegen seiner schleimlösenden und verdauungsfördernden Eigenschaften kultiviert, es gilt aber auch als Mittel gegen Appetitlosigkeit.

 Bei Appetitlosigkeit oder Verdauungsproblemen vor den Mahlzeiten einen Teelöffel Andornkraut mit einer Tasse kochenden Wassers übergießen, etwa 5 Minuten ziehen lassen und dann abseihen.

 ingelblume | *calendula officinalis*

Da die Ringelblume ihre Blüten zur Sonne hin öffnet und sich mit ihrem Gang dreht, nannte man sie im Mittelalter auch „Sonnenwende". Ihren heutigen Namen verdankt die anspruchslose und auch im Topf gedeihende Pflanze ihren ringförmig zusammengekrümmten Samen. Ihre leuchtend goldenen oder orangenen Blüten machen sie zwar auch zu einer beliebten Schnittblume, doch ist die Ringelblume in erster Linie als Heilpflanze sehr gefragt. Besonders ihre wundheilende Wirkung ist hervorzuheben, ist das Kraut mit dem lateinischen Namen *Calendula* doch heute Bestandteil vieler Kosmetikartikel zur Behandlung von rissiger Haut und dient als Hilfsmittel bei Schürfwunden und Sonnenbrand.
Eine ganz andere Funktion erfüllt die Ringelblume auf den Feldern der Bauern: Damals wie heute lässt sie sich gut als Barometer benutzen. Öffnen sich ihre Blüten zwischen 6 und 7 Uhr morgens, so wird es voraussichtlich ein sonniger Tag. Bleiben sie aber nach 7 Uhr noch geschlossen, kann der Bauer mit Regen rechnen.

ümmel | *carum carvi*

Der überall in Europa verbreitete Kümmel zählt zu den ältesten bekannten Gewürzen, was Speisereste aus der Jungsteinzeit belegen, und auch im alten Griechenland und Rom war die Pflanze aufgrund ihres würzigen Geschmacks so beliebt, dass sie zu allen Mahlzeiten gereicht wurde. Verwunderlich ist die Verbreitung des Kümmels nicht, ist er doch, abgesehen von seiner Vorliebe für sonnige Flecken, eine sehr anspruchslose Pflanze, die beinahe überall gedeiht. In der Küche ist der Kümmel ein vielseitiger Begleiter und dient nicht nur als Gewürz für Brot, sondern auch zur Verfeinerung von Sauerkraut, Gänsebraten und anderen deftigen und fettigen Speisen, bei denen er seine verdauungsfördernde Wirkung entfalten kann. Auch als Tee wirkt der Kümmel stärkend auf den gesamten Verdauungsapparat und wird gerne in Verbindung mit dem süßlichen Fenchel an Kleinkinder verabreicht.

Für einen Kümmeltee 2 Teelöffel zerstoßene Früchte mit einer Tasse kochenden Wassers übergießen, etwa 10 Minuten ziehen lassen und abseihen.

 etersilie | *petroselinum crispum*

Wer Petersilie aussäen möchte, der sollte Geduld und Zeit mitbringen, denn eine alte Weisheit besagt, dass die Pflanze erst nach Rom pilgern müsse, um sich von Petrus persönlich die Erlaubnis zu holen, auszutreiben zu dürfen. Und in der Tat treibt die Pflanze erst im zweiten Jahr aus, was ihrer Beliebtheit als Küchenkraut jedoch keinen Abbruch tut. Ursprünglich von den Römern in unsere Breiten gebracht, wurde die Petersilie schnell unverzichtbarer Teil der Klostergärten, und sie ist bis heute eines der meistverwendeten Gewürzkräuter. Ihr unauffälliges Aroma, das sogar die Aromen anderer Kräuter noch betont, wird in Salaten, Suppen, Aufläufen und anderen Gerichten geschätzt, und der hohe Anteil an Vitamin C und Eisen machen die Petersilie auch zu einer gesunden Ergänzung. Überdies schrieb man dem Kraut schon im Mittelalter harntreibende und blutreinigende Wirkung zu, weswegen es bei Verdauungsproblemen und Menstruationsbeschwerden Anwendung als Heilmittel fand.

 hymian | *thymus vulgaris*

Eines der beliebtesten und bekanntesten Gartenkräuter ist der Thymian, und dies nicht nur heute, sondern auch in den mittelalterlichen Klostergärten, in denen er vor allem aufgrund seiner Vielseitigkeit als Heilpflanze sehr beliebt war. Der Name des Thymians leitet sich vom griechischen Wort *thymos* ab, das „Mut" bedeutet – daher auch der mittelalterliche Brauch der Jungfern, ihrem Ritter auf dem Weg zum Turnier ein Thymianästchen als Glücksbringer zu schenken.
Die Wirksamkeit der ätherischen Thymianöle kannte man schon damals, und auch heute wird das Kraut gerne gegen Erkrankungen der Atemwege eingesetzt, vor allem bei Bronchitis und Keuchhusten. Überdies wirkt das Öl auch antibakteriell und antiviral, weshalb es schon seit dem 18. Jahrhundert als Antiseptikum eingesetzt wird.
In der Küche, vor allem in den Mittelmeerländern, wird Thymian gerne zur Verfeinerung von Fleisch- und Fischgerichten verwendet, wobei hier aufgrund des starken Aromas aber Vorsicht bei der Dosierung geboten ist.

 ockshornklee | *trigonella foenum-graecum*

Der Bockshornklee stammt ursprünglich aus Indien, wurde allerdings bereits früh nach Europa gebracht, wo er sich schon in den Klostergärten der Benediktinermönche fand – der Anbau des Krauts wurde gar von Kaiser Karl dem Großen im 9. Jahrhundert in all seinen kaiserlichen Gütern befohlen. Wenn es sich beim Bockshornklee zunächst auch erst um eine Futterpflanze handelte (was vermutlich auch den Namen erklärt), so wurden schnell die heilsamen Eigenschaften der Pflanze bekannt, die vor allem gegen Hautkrankheiten eingesetzt wird. Auch zur allgemeinen Stärkung, gegen Husten oder gar als Aphrodisiakum wurde das Kraut verwendet, darüber hinaus soll es gut für den Stoffwechsel sein, was den Bockshornklee zu einem wahren Alleskönner macht. Als Gewürz findet er hauptsächlich Gebrauch als Bestandteil des beliebten Currypulvers.

Bei Hautausschlag 1 Esslöffel frisch zerstoßener Bockshornkleesamen in der Pfanne kurz anrösten, mit 1 Esslöffel Mandelöl verrühren und ca. 30 Minuten auf die betroffene Stelle auftragen.

utterkraut | *tanacetum parthenium*

Leicht mit der Kamille zu verwechseln ist das stark aromatisch duftende Mutterkraut, weswegen es auch oft als Falsche Kamille bezeichnet wird. Ein weiterer Name, der auf die frühere Verwendung des Heilkrautes als Gegenmittel gegen Fieber hinweist, lautet Fieberkraut. Der Name Mutterkraut deutet hingegen auf die frühere Nutzung der Pflanze bei Schwangerschaftsbeschwerden hin, da sie mitunter menstruationsauslösend wirkt. Zudem wurde das Mutterkraut schon in den mittelalterlichen Klostergärten als Hilfe gegen Kopfschmerzen angebaut, und auch heute noch ist das Kraut ein beliebtes Mittel zur Vorbeugung und Minderung von Migräneanfällen. Auch eine beruhigende und verdauungsfördernde Wirkung wird ihm zugesprochen.
Als Gewürz kommt dem Mutterkraut hingegen keine bemerkenswerte Rolle zu, doch lassen sich die Blätter der ohne Probleme im heimischen Garten anzubauenden Pflanze leicht direkt verwenden, beispielsweise als Garnierung frisch aufs Brot, um den leicht bitteren Geschmack zu genießen.

 avendel | *lavandula officinalis*

Der Name des Lavendels leitet sich vom lateinischen Wort *lavare*, „waschen", ab und deutet auf seine Verwendung als Duftöl in den römischen Bädern hin. Möglicherweise rührt der Name aber auch daher, dass römische Hausfrauen die Pflanze benutzten, um ihre Wäsche nicht nur frisch duften zu lassen, sondern sie auch effektiv gegen Motten zu schützen. In der Küche spielt der Lavendel eine eher untergeordnete Rolle, obschon er Bestandteil der Kräuter der Provence ist und Fisch- und Geflügelgerichte verfeinert, aber auch als Zugabe zum Grillfeuer das Grillgut mit seinem aromatischen Duft verwöhnt.

Eine größere Bedeutung kommt dem Lavendel jedoch als Heilkraut zu, da er für seine beruhigende und stabilisierende Wirkung geschätzt wird. Schon in der Antike benutzten römische Soldaten den Duft der Pflanze, um auf ihren Feldzügen Ruhe zu finden, und heute ist der Lavendel fester Bestandteil vieler Mittel zur Bekämpfung innerer Unruhe und nervöser Einschlafstörungen, weswegen er in keinem Kräutergarten fehlen sollte.

 ill | *anethum graveolens*

Schon bei den alten Griechen und Römern, aber auch zuvor bei den Ägyptern war der Dill ein beliebtes Kraut zum Würzen, das darüber hinaus auch aufgrund seiner heilsamen Wirkung sehr geschätzt wurde. Benutzte man ihn in der Antike noch beispielsweise als Speisezusatz für die Gladiatoren, um diese für ihre Kämpfe zu stärken, wurde der Dill im Mittelalter wegen seiner angeblich potenzmindernden Wirkung als Antiaphrodisiakum verwendet. Sogar magische Kräfte schrieb man ihm zu, sollte er doch gegen böse Zauber und sogar vor Hexen schützen. Heute schätzt man hingegen die beruhigende Wirkung des Krauts und benutzt es zum Stressabbau. Gleichzeitig wirkt der Dill auch entzündungshemmend und appetitanregend. Als Gewürz passt er am besten zu Fischgerichten, Salaten und Käse, wobei er sich aufgrund seines charakteristischen Aromas nicht gut mit anderen Gewürzen verträgt. Frisch schmecken die Blättchen des Krauts am besten, zur Konservierung sollten sie höchstens eingefroren werden, denn beim Trocknen verliert der Dill schnell sein Aroma.

 asilikum | *ocimum basilicum*

Das ursprünglich aus Indien stammende Basilikum gehört heute zu den bekanntesten Gewürzkräutern überhaupt und wird schon seit über 3000 Jahren für seine heilenden Kräfte geschätzt. Der Name deutet auf das hohe Ansehen hin, welches das Basilikum früher schon genoss, denn übersetzt lautet er in etwa „königlich duftend", weswegen sich auch die Bezeichnung „Königskraut" eingebürgert hat. Als Heilkraut hilft es bei Verdauungs- und Magenproblemen und soll appetitanregend wirken. Besonders in der italienischen Küche ist das sehr kälteempfindliche Basilikum beliebt, ob als Pesto oder zum Würzen von Tomaten und Mozarella. Auch Fisch- und Fleischgerichte werden von ihm verfeinert, wobei zu beachten ist, dass sich sein Geschmack, anders als bei vielen Kräutern, beim Kochen noch verstärkt.

 Für einen Tee gegen Verdauungsbeschwerden einen Esslöffel frische Basilikumblätter (nach Belieben mit einigen Pfefferminzblättern) mit einer Tasse kochenden Wassers übergießen, etwa 10 Minuten ziehen lassen und abseihen.

# Liebstöckel | *levisticum officinale*

Das aufgrund seines würzigen Geschmacks auch als „Maggikraut" bekannte Liebstöckel war in der Antike noch im Mittelmeerraum zu Hause, wurde im Mittelalter aber durch die Benediktinermönche nach Mitteleuropa gebracht, wo es als Heilmittel gegen Blähungen und dank seiner verdauungsfördernden Kräfte in keinem Klostergarten fehlen durfte. Der Name des Krauts rührt jedoch vermutlich eher von der aphrodisierenden Wirkung her, die man ihm früher zuschrieb. Das Liebstöckel kann als ausgewachsene Pflanze beeindruckende Ausmaße annehmen und bis zu zwei Meter hoch wachsen, weswegen es möglichst am Gartenrand stehen sollte, damit es den kleineren Pflanzen Luft lässt – durch seinen kräftigen Geruch hält es dafür Schädlinge fern. Sein süßlich-herber Geschmack, der an Sellerie erinnert, ist sehr dominant, weswegen das Liebstöckel nur sparsam zum Würzen von Eintöpfen und Fleischgerichten eingesetzt werden sollte, fette Speisen macht es aber aufgrund seiner verdauungsfördernden Eigenschaften bekömmlicher.

rennessel | *urtica*

Völlig zu Unrecht trägt die Brennnessel bis heute den Ruf eines lästigen Unkrauts, denn eigentlich ist das Kraut ein wahrer Alleskönner, der in keinem Kräutergarten fehlen sollte. Zwar denken wir in Bezug auf die Brennnessel sicher zuerst an den namensgebenden brennenden Schmerz, der einer Berührung mit ihren Blättern folgt, doch ist dies lediglich ein Schutzmechanismus der Pflanze, welchen sich die Menschen sogar mitunter selbst zunutze machten – römische Legionäre sollen sich so auf Winterfeldzügen mit Brennnesseln abgerieben haben, um bei Kälte die Durchblutung zu fördern. Diese Wirkung als durchblutungsförderndes Mittel kommt übrigens auch heute noch in Form von Shampoos und Haarwuchsmitteln auf Brennnesselbasis zur Geltung. Wichtiger jedoch ist die Heilwirkung des Krauts, dessen Blätter reich an Vitamin B und C sowie Kalzium und Kalium sind. Und selbst in der Küche macht das Kraut eine gute Figur, lassen sich doch die jungen Triebe zu Suppe oder Spinat verarbeiten, der es geschmacklich durchaus mit dem Blattspinat aufnehmen kann.

 sop | *hyssopus officinalis*

Bereits im 9. Jahrhundert soll der Ysop aus der Mittelmeerregion von Mönchen zu uns gebracht worden sein, wo er bis heute eine typische Bauerngartenpflanze ist. Schon Hippokrates, der „Vater der Medizin", kannte die gesunde Wirkung des Ysops, und auch im Mittelalter zählte er zu den wichtigsten Heilkräutern. Während es früher als schmerzstillendes Mittel eingesetzt wurde, wird das Kraut heute vorwiegend für seine schleimlösenden Eigenschaften geschätzt, weswegen es oft als Hustenmittel genutzt wird. Doch auch bei Ohrenentzündungen und Magenbeschwerden findet der Ysop bisweilen Verwendung. Das stark würzig schmeckende Kraut wird in der Küche gerne zur Verfeinerung von Fleisch- und Fischgerichten, besonders von Wild- und Lammbraten benutzt, wobei es aber aufgrund seines dominanten Aromas recht sparsam eingesetzt werden sollte.

 Für Hustentee einen Teelöffel Blätter und Blüten des Ysops mit einer Tasse kochenden Wassers übergießen, 5 Minuten ziehen lassen und abseihen. Nicht mehr als 3 Tassen am Tag trinken.

# eifenkraut | *saponaria officinalis*

Das Seifenkraut nimmt eine ganz besondere Stellung unter den Kräutern ein. Denn wie sein Name schon vermuten lässt, wurde es aufgrund seines hohen natürlichen Gehalts an Saponinen (daher auch der lateinische Name, denn *sapo* bedeutet „Seife") lange Zeit als Seifenersatz benutzt. In der Antike und später auch in den Klostergärten des Mittelalters verwendete man das Seifenkraut, um die Wäsche sauber zu bekommen, und selbst heute noch gelangt das Kraut gelegentlich als umweltfreundliches Reinigungsmittel zum Einsatz. In der Küche kommt dem Seifenkraut zwar keine Verwendung zu, dafür lässt es sich aber umso besser als Heilkraut einsetzen. Denn neben seiner Eigenschaft, die Wäsche zu reinigen, reinigt es sozusagen auch den Köper: Es wirkt harntreibend, abführend und schleimlösend. Tee aus Seifenkraut hilft so bei der Entgiftung des Köpers, bei Gicht und Hautkrankheiten. Höher dosiert hat das Seifenkraut allerdings schädlichen Einfluss auf die roten Blutkörperchen, weswegen es mit Bedacht eingenommen werden sollte.

 inze | *mentha*

Die heute wohl bekannteste Abart der Minze, die Pfefferminze, wurde erst um das Jahr 1700 entdeckt – es handelte sich um eine wohl zufällig entstandene Kreuzung von Bachminze und Waldminze. Doch die Gattung der Minze an sich ist bedeutend älter, und schon seit der Antike sind viele ihrer Unterarten bekannt, die die verschiedensten Heilwirkungen aufweisen. Auch im frühen Mittelalter wusste man um die besondere Heil- und Würzkraft dieser Pflanze, weswegen Kaiser Karl der Große den Anbau von gleich vier Sorten Minze in allen kaiserlichen Gütern befahl. Die Minze galt damals wie heute als gut für Atem und Stimme und als Mittel gegen Heiserkeit, aber sie hilft auch bei Beschwerden im Magen-Darm-Bereich. Ihre verdauungsfördernde Wirkung war auch den Römern bekannt: Nach dem Genuss von allzu fetten Speisen kauten sie gerne Minzblättchen zur besseren Verdauung.

 Für Pfefferminztee 6 Teelöffel klein geschnittenes Kraut mit einem Liter kochenden Wassers aufgießen, etwa 10 Minuten abgedeckt ziehen lassen und abseihen.

albei | *salvia officinalis*

Bereits der Name des Salbeis, der sich vom Lateinischen *salvare*, „heilen", herleitet, weist auf die starken Heilkräfte des Krauts hin. So muss es auch nicht verwundern, dass die Pflanze früher in nahezu jedem Klostergarten heimisch war, denn sie wird von vielen mittelalterlichen Arzneibüchern bei den verschiedensten Beschwerden als „Universalmedikament" empfohlen. Gerade bei Verschleimung des Halses und Mundgeruch soll sie ihre beste Wirkung entfalten – auch heute sind Salbeitee und -bonbons ein häufig verwendetes Mittel gegen Halsschmerzen und Heiserkeit. Der Salbeistrauch bereichert den Kräutergarten aber auch auf andere Weise, denn das würzige Aroma seiner im Hochsommer leuchtend violetten Blüten hält viele Arten von Schädlingen fern, weswegen er sich besonders gut als Randbepflanzung des Gartens eignet. Auch in der Küche, hier besonders in der mediterranen, ist der Salbei beliebt, wo er in kleinen Mengen verwendet durch seinen leicht bitteren Geschmack Lamm, Wild und Fisch verfeinert.

 iersch | *aegopodium podagraria*

Hat man den aufgrund seiner Blattform auch Geißfuß genannten Giersch erst einmal im Garten und achtet nicht darauf, dass er in einer sauber abgegrenzten Ecke wächst, so wird man ihn nur schwer wieder los. Seine unterirdischen Triebe verhelfen ihm zu einem wuchernden Wachstum, was ihn in den Augen vieler Gärtner zur wahren Plage macht. Doch hält man den Giersch gut unter Kontrolle, wird er zu einer Bereicherung des eigenen Kräutergartens, weswegen ihn schon die Mönche und Nonnen des Mittelalters als Gewürz- und Heilkraut anbauten. Vor allem wegen ihrer blutreinigenden Wirkung wurden die Blätter gegessen – sie helfen, zu Umschlägen verarbeitet, auch gegen Gicht und Rheuma. In der Küche macht sich der Giersch ebenfalls nützlich: Seine ausgesprochen würzigen jungen Blättchen, die etwas nach Petersilie schmecken, verfeinern fein gehackt und wohl dosiert Salate. Die älteren Blätter können gekocht zu Suppe oder Spinat verarbeitet werden.

 Für einen Gierschsalat ca. 20–30 junge Blätter zusammen mit 2–3 Radieschen waschen und klein schneiden, mit Essig, Öl und Salz nach Belieben abschmecken.

 yrte | *myrtus communis*

Als Symbol für die Liebe, die Schönheit und die Jugend spielte die Myrte bei den alten Griechen eine wichtige Rolle, wo sie Aphrodite, der Göttin der Liebe, geweiht war. Schon damals, später im Laufe des Mittelalters aber auch bei uns, wurde das Kraut eng mit verschiedenen Hochzeitsbräuchen verbunden, zum Beispiel als Brautschmuck, wo es als Zeichen für die Jungfräulichkeit und Lebenskraft stand. Da die immergrüne Myrte ursprünglich aus dem warmen Mittelmeerraum stammt, ist sie bei uns nicht winterhart und sollte nur im Topf gezogen werden – besonders im Winter benötigt sie einen gut geschützten, aber nicht zu warmen Ort zum Gedeihen. Ihre aromatisch duftenden Blätter enthalten ätherische Öle, die die Myrte zu einer beliebten Heilpflanze machen. Sie wirkt zur Behandlung bei verschiedenen Atemwegserkrankungen und zudem appetitanregend, weshalb sie auch als Gewürz für Fleischgerichte nützlich ist und zu Likören, besonders dem Sardinischen *Mirto Bianco* und dem *Mirto Rosso*, verarbeitet wird.

 regano | *origanum vulgare*

Vor allem aus der Mittelmeerküche ist uns der Oregano bekannt, verfeinert er dort doch zum Beispiel Pizza und Nudelgerichte. Doch auch bei uns ist eine Art des Oregano heimisch, nämlich der Dost, der auf eine lange Tradition als Heilpflanze zurückschaut. Im Mittelalter sprach man dem Dost zu, Dämonen und Hexen fernzuhalten, weshalb man ihn gerne bei sich trug oder an der Haustür befestigte. Heute wehrt man mit ihm dagegen Bakterien und Pilze ab, denn der Oregano gilt als eines der wirksamsten natürlichen Antibiotika überhaupt und wird mitunter auch in der Futtermittelindustrie als biologisches Mittel gegen Infektionen eingesetzt. Darüber hinaus hilft das auch hierzulande winterharte Kraut mit dem aromatischen Duft gegen Verdauungsprobleme sowie Bronchitis und Asthma, was es zu einer sinnvollen Ergänzung jedes Kräutergartens macht.

Für ein Wohlfühlbad 250 g getrockneten Oregano mit einer Tasse kochenden Wassers aufbrühen, abseihen und dem Badewasser zugeben.

atzenminze | *nepeta cataria*

Dass die Katzenminze eine besondere Wirkung auf alle Arten von Katzen (auch Großkatzen wie Löwen und Tiger!) hat, geht schon aus ihrem Namen hervor. Warum die Vierbeiner von der Pflanze angezogen werden, sich an ihr reiben und ihre Blüten fressen, ist jedoch bis heute nicht geklärt. Fest steht aber, warum der Mensch die Katzenminze seit Jahrhunderten kultiviert, denn sie ist eine unkomplizierte und anspruchslose altbekannte Heilpflanze, die in vielen mittelalterlichen Klostergärten zu finden war. Gegen Fleischwunden und Narben sollte sie äußerlich angewendet helfen, als Tee darüber hinaus auch gegen Halskrankheiten. Heute weiß man um die beruhigende Wirkung des wohlschmeckenden Tees, der auch appetitanregend und verdauungsfördernd wirkt und antibakterielle Eigenschaften aufweist. Zu Unrecht findet die Katzenminze daher inzwischen aufgrund ihrer hübschen und wohlriechenden Blüten eher Verwendung als pflegeleichte Zierpflanze denn als Heilkraut.

# ajoran | *origanum majorana*

Wie viele andere Heilpflanzen auch wurde der ursprünglich im Mittelmeerraum angebaute Majoran durch die Benediktinermönche über die Alpen zu uns gebracht, wo er bis heute fester Bestandteil von Kloster- und Kräutergärten ist. Seine ätherischen Öle wirken verdauungsfördernd und krampflösend im Magen-Darm-Bereich und besitzen antiseptische Eigenschaften. Im Mittelalter wurde er als Heilmittel gegen verschiedene Seuchen, vor allem gegen die Pest betrachtet. Bei uns ist der Majoran aber hauptsächlich als Gewürz bekannt, denn er wird nicht nur zur Zubereitung von italienischen Speisen wie Pizza und Nudelgerichten eingesetzt, sondern vor allem auch bei der Herstellung vieler Wurstwaren, weswegen er im Volksmund auch den Namen „Wurstkraut" trägt. Hier punktet der Majoran nicht nur aufgrund seines stark würzigen Geschmacks, der sogar beim Kochen oder Trocknen erhalten bleibt, sondern auch wegen seiner Eigenschaft als natürliches Konservierungsmittel, was sich aus seiner antioxidativen Wirkung erklärt.

VERLAGSGRUPPE PATMOS

PATMOS
ESCHBACH
GRÜNEWALD
THORBECKE
SCHWABEN

Die Verlagsgruppe
mit Sinn für das Leben

Für die Schwabenverlag AG ist Nachhaltigkeit ein wichtiger Maßstab ihres Handelns. Wir achten daher auf den Einsatz umweltschonender Ressourcen und Materialien.

Alle Rechte vorbehalten.
© 2015 Jan Thorbecke Verlag der Schwabenverlag AG, Ostfildern
www.thorbecke.de

Gestaltung: Finken & Bumiller, Stuttgart
Text und Redaktion: Patrick Leiske
Druck: Beltz Bad Langensalza GmbH, Bad Langensalza
Hergestellt in Deutschland
ISBN 978-3-7995-0583-3

Der Verlag weist ausdrücklich darauf hin, dass dieses Buch kein medizinischer Ratgeber ist und den Besuch beim Arzt nicht ersetzen kann. Insofern wird keine Haftung übernommen.

Bildnachweis:
S. 5: © mauritius images / Bernd Römmelt; S. 6, 15, 19: © mauritius images / Alamy; S. 10: © mauritius images / imagebroker / Christian Handl; S. 23: © mauritius images / imagebroker / Günter Lenz; S. 26: © mauritius images / Westend61; S. 33: © mauritius images / Garden World Images; S. 38: © mauritius images / foodcollection. Die historischen Abbildungen der Kräuter entstammen den Beständen der Württembergischen Landesbibliothek, Stuttgart.